中华医学会灾难医学分会科普教育

图说灾难逃生自救丛书

交通事故

丛书主编　刘中民
分册主编　张连阳

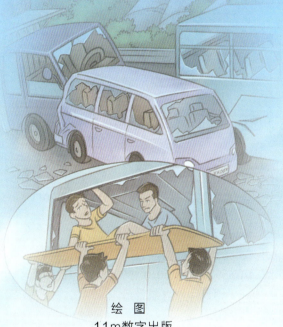

绘　图
11m数字出版

人民卫生出版社

图书在版编目（CIP）数据

交通事故/张连阳主编. —北京：人民卫生出版社，2013.9
（图说灾难逃生自救丛书）
ISBN 978-7-117-18086-3

Ⅰ. ①交… Ⅱ. ①张… Ⅲ. ①交通事故－逃生自救－
图解 Ⅳ. ①U491.3-64

中国版本图书馆 CIP 数据核字（2013）第 217712 号

| 人卫社官网 | www.pmph.com | 出版物查询，在线购书 |
| 人卫医学网 | www.ipmph.com | 医学考试辅导，医学数据库服务，医学教育资源，大众健康资讯 |

图说灾难逃生自救丛书
交通事故

主　　编：张连阳
出版发行：人民卫生出版社（中继线 010-59780011）
地　　址：北京市朝阳区潘家园南里 19 号
邮　　编：100021
E - mail：pmph @ pmph.com
购书热线：010-59787592　010-59787584　010-65264830
印　　刷：北京铭成印刷有限公司
经　　销：新华书店
开　　本：710×1000　1/16　印张：7
字　　数：137 千字
版　　次：2013 年 9 月第 1 版　2019 年 2 月第 1 版第 3 次印刷
标准书号：ISBN 978-7-117-18086-3/R · 18087
定　　价：35.00 元

打击盗版举报电话：010-59787491　E-mail：WQ @ pmph.com
（凡属印装质量问题请与本社市场营销中心联系退换）

丛书编委会

安全出行，健康回家，远离交通事故。

序　一

我国地域辽阔，人口众多。地震、洪灾、干旱、台风及泥石流等自然灾难经常发生。随着社会与经济的发展，灾难谱也有所扩大。除了上述自然灾难外，日常生产、生活中的交通事故、火灾、矿难及群体中毒等人为灾难也常有发生。中国已成为继日本和美国之后，世界上第三个自然灾难损失严重的国家。各种重大灾难，都会造成大量人员伤亡和巨大经济损失。可见，灾难离我们并不遥远，甚至可以说，很多灾难就在我们每个人的身边。因此，人人都应全力以赴，为防灾、减灾、救灾作出自己的贡献成为社会发展的必然。

灾难医学救援强调和重视"三分提高、七分普及"的原则。当灾难发生时，尤其是在大范围受灾的情况下，往往没有即刻的、足够的救援人员和装备可以依靠，加之专业救援队伍的到来时间会受交通、地域、天气等诸多因素的影响，难以在救援的早期实施有效救助。即使专业救援队伍到达非常迅速，也不如身处现场的人民群众积极科学地自救互救来得及时。

为此，中华医学会灾难医学分会一批有志于投身救援知识普及工作的专家，受人民卫生出版社之邀，编写这套《图说灾难逃生自救丛书》，本丛书以言简意赅、通俗易懂、老少咸宜的风格，介绍我国常见灾难的医学救援基本技术和方法，以馈全国读者。希望这套丛书能对我国的防灾、减灾、救灾工作起到促进和推动作用。

刘中民　教授

同济大学附属上海东方医院院长

中华医学会灾难医学分会主任委员

2013年4月22日

序 二

　　我国现代灾难医学救援提倡"三七分"的理论：三分救援，七分自救；三分急救，七分预防；三分业务，七分管理；三分战时，七分平时；三分提高，七分普及；三分研究，七分教育。灾难救援强调和重视"三分提高、七分普及"的原则，即要以三分的力量关注灾难医学专业学术水平的提高，以七分的努力向广大群众宣传普及灾难救生知识。以七分普及为基础，让广大民众参与灾难救援，这是灾难医学事业发展之必然。也就是说，灾难现场的人民群众迅速、充分地组织调动起来，在第一时间展开救助，充分发挥其在时间、地点、人力及熟悉周围环境的优越性，在最短时间内因人而异、因地制宜地最大程度保护自己、解救他人，方能有效弥补专业救援队的不足，最大程度减少灾难造成的伤亡和损失。

　　为做好灾难医学救援的科学普及教育工作，中华医学会灾难医学分会的一批中青年专家，结合自己的专业实践经验编写了这套丛书，我有幸先睹为快。丛书目前共有 15 个分册，分别对我国常见灾难的医学救援方法和技巧做了简要介绍，是一套图文并茂、通俗易懂的灾难自救互救科普丛书，特向全国读者推荐。

王一镗

南京医科大学终身教授

中华医学会灾难医学分会名誉主任委员

2013 年 4 月 22 日

人类的生活离不开交通，我们在享受各种现代交通工具带来的便捷、高速的同时，是否意识到危险可能就在身边？

交通事故伤害是一个全球性的问题。每年至少有上百万人在各种交通事故中丧生，受伤者更是高达数千万之众……"道路安全，防患未然"。交通安全需要社会各界给予更多的关注。

我们都不希望交通事故的发生，但一幕幕惨痛的经历就那样存在于我们的生活中，也许就发生在您的身边……我们不禁要问，一旦自己面临这些时，是否知道如何保护自己、救助他人？掌握科学的避灾、自救方法，可以最大程度地减少和避免灾害造成的伤亡和损失。

我们精心制作了《图说灾难逃生自救丛书：交通事故》图册，希望通过我们每个人的努力，让更多的人掌握逃生避险、自救互救的知识与方法。

衷心祝福广大读者平安、健康、幸福！

张连阳

第三军医大学大坪医院野战外科研究所

2013 年 9 月 21 日

目　录

我国交通事故严重程度分类

轻微事故	是指一次造成轻伤 1~2 人,或者财产损失的数额中机动车不足 1000 元,非机动车不足 200 元的事故
一般事故	是指一次造成重伤 1~2 人,或者轻伤 3 人以上,或者财产损失不足 3 万元的事故
重大事故	是指一次造成死亡 1~2 人,或者重伤 3 人以上 10 人以下,或者财产损失 3 万元以上 6 万元以下的事故
特大事故	是指一次造成死亡 3 人以上;或者重伤 11 人以上,或者死亡 1 人,同时重伤 8 人以上;或者死亡 2 人,同时重伤 5 人以上;或者财产损失 6 万元以上的事故

　　近几十年来,随着城市化进程的加速和机动车等现代化交通工具数量的急剧增多,交通伤害已经成为威胁人类生命安全和健康最严重的公共伤害之一。认识交通事故发生的客观和主观原因,能帮助驾驶员、行人、乘客尽力避免交通事故的发生,以及在交通事故发生后采取相应的对策,把损失降到最低水平。

交通安全现状

世界卫生组织（WHO）2013年报道，全球每年因交通伤害致死者约124万人，伤3000万~5000万人。2004年世界卫生组织更新的全球疾病负担报告指出，交通意外居死亡原因的第9位，预计2020年将升至第3位。

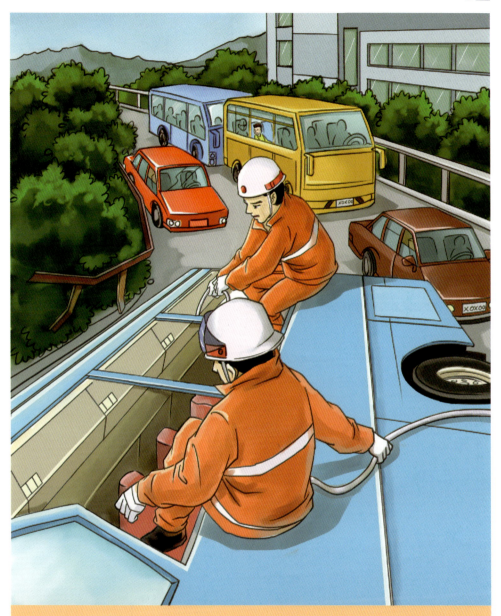

　　20 世纪 80 年代以来,我国交通建设、汽车工业和整体经济飞速发展,交通事故的数量成倍增长。2002 年,我国交通事故数量、致死人数、致伤人数分别为 77.31 万起、10.94 万人和 56.21 万人。

　　2009 年我国因交通事故造成的经济损失高达 9.1 亿元。

引起道路交通事故的因素包括人、车辆、道路和环境。

人是四大因素的主体，由于人的主观故意或过失而引发的交通事故占整体的55%～95%。

人的因素包括机动车驾驶员、非机动车驾驶人、行人和乘员等方面的交通违法行为，其中以机动车驾驶员责任造成的事故最多，约占63%；自行车骑车人过失责任事故约占13%；行人过失责任事故约占11%。

　　车辆因素导致的交通事故占整体的 7%～13%，即由于驾驶员未按规定对车辆进行例行保养和出车前的例行检查而驾驶"病车"上路，或因车辆本身的机械质量和轮胎气压出现突发性故障（如制动失效、爆胎等）而造成事故。

　　道路因素导致的交通事故占整体的 19%～35%，包括道路工程质量不合格、交通设施不完善、交通标志不明确、道路人车混杂、道路弯道或坡度过大、路面光线和照明不足、路中无分隔带等。

恶劣的环境，如狂风、暴雨、暴风雪、大雾等，不仅会破坏交通标志，毁坏道路，或使道路积水、积雪、冰冻，车辆行进过程中车轮易打滑，还可使驾驶员或行人视线不清。因此，在恶劣的环境条件下，交通事故的发生率较高。

据资料显示，2006年1月12日北京降第一场大雪后，交通事故报警增加125%；2013年1月6日，大雪导致江西高速公路3天发生交通事故428起；2013年4月2日，辽宁抚顺因大雾一天发生37起交通事故。

　　交通事故的发生还与道路的交通管理是否严格和科学有关。加强对全社会的交通安全宣传教育，提高全民交通安全意识，严格考核驾驶员和审验车辆，合理地部署警力，科学地管理交通，严格执法处罚，加强针对伤员的急救培训，均有助于控制事故的源头，预防和减少交通事故及其所致的伤亡。

在接下来的部分，我们将陆续介绍不同情景下的交通安全常识，期望读者能够认真学习并持之以恒地做到。麻痹大意、不以为然等不正确的态度往往是很多交通事故发生的根由。

　　做好点滴，珍惜我们宝贵的生命。

机动车辆安全常识

　　车行道上，有一条一条白色直线连成的"走廊"，即人行横道（又称为斑马线），这是专门为行人漆刷供穿过道路的"安全地带"。驾驶员遇到人行横道应减速慢行，行人穿越道路要走人行横道。

　　穿越人行横道时，我们必须遵守信号灯的规定：绿灯亮，准许行人通行；绿灯闪烁或者黄灯亮，不准行人进入人行横道，但已进入者，可以继续通行；红灯亮，不准行人进入人行横道。即使信号灯变成绿色，行人也应在看清左右的车辆停稳后再穿越人行横道。

　　行人须在人行道内行走，没有人行道的要靠路边行走；集体外出时，最好有组织、有秩序地列队行走，不要随便离开队伍。结伴外出时，不要在机动车道上相互追逐、打闹、嬉戏，不应三五成群并排行走。

　　行人禁止翻越、钻过车行道间的护栏和隔离墩；不与机动车辆争道抢行，主动避让车辆；行人勿在道路上扒车、追车；禁止在道路中间强行拦车和掷物击车；过街时，严禁读书看报、玩手机和其他电子设备。

在城市交通繁忙的路口，来往行人和车辆特别多，为了保证行人的安全和车流的畅通，在这样的路段会设有人行天桥或地下通道。此处车辆通过速度较快，行人应在人行天桥上、地下通道中通过道路。

在设有人行天桥或地下通道的附近横穿道路特别危险。

在没有天桥、地下通道、人行横道的路段通过道路时，行人要看清路面情况，在没有车辆行驶时，抓紧时间通过。穿行前，应先看左边是否有来车，没有来车才可以走入车行道；再看右边是否有来车，没有来车时就可以安全横过道路了。

不要和来车抢道；不要在车辆邻近时突然横穿、斜穿马路；严禁在车前、车尾急穿通过道路。通过道路时，不要突然改变路线，不要突然猛跑后又突然后退，以防来车驾驶员措手不及，发生危险。

骑自行车应听从交警和交通管理人员的指挥和检查。

自行车的铃、闸、锁必须齐全、有效。通过交叉路口、拐弯处及坡道时，骑车人均须减速响铃示警。转弯前骑车人必须伸手示意，不得突然猛拐。

城市道路复杂，车辆繁多，由于儿童缺少生活经验，应变能力差，交通法规规定12周岁以下儿童不准骑自行车上路。

骑车不准双手离把或单手撑伞；不准扶肩并行或曲线行驶；不准互相追逐或竞驶；不准骑车带人；不准酒后骑车。

不准与机动车争道抢行；不准攀扶其他车辆；勿在非机动车行车道上停车。

不得在街上练习骑车；不准穿入机动车道和人行道。

要经常检查自行车的性能，响铃、刹车或其他部件有故障应及时修理。

　　摩托车车速较快，通过路面要求不宽，是常用的交通工具，但其行驶路径多变，常在车海人流中穿插行驶，故易发生交通事故。医学资料显示，与汽车内驾乘人员相比，摩托车事故导致驾乘人员严重创伤的发生率高 36 倍，死亡率高 26 倍。摩托车驾乘人员多死于颅脑损伤。

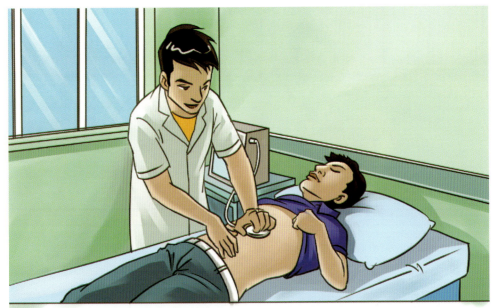

　　轻便摩托车是指发动机汽缸工作容积不超过 50 毫升、最高设计车速不超过 50 千米 / 小时、只供单人乘骑的摩托车。

　　轻便摩托车也属机动车，驾驶员需经医院体检合格以及公安机关对其交通规则、驾驶技术考试合格，领取轻便摩托车驾驶证后方能上路。

摩托车应当在最右侧车道行驶，行驶速度不得超过限速标志、标线标明的速度。

摩托车驾驶人及乘坐人员应当按规定戴安全头盔，其可在发生事故时保护驾乘人员的头部，阻止或减轻伤害。

摩托车后座不得乘坐未满12周岁的未成年人，载人数量不得超过摩托车核载人数，乘坐两轮摩托车驾乘人员应当正向骑坐。

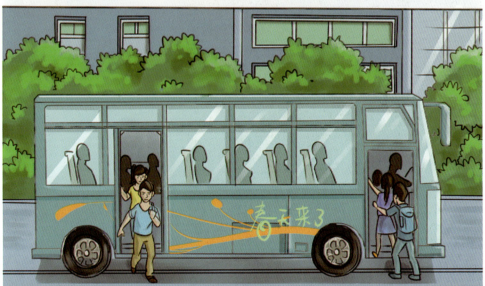

　　乘坐客车时，在车辆行驶中乘客要坐好或站稳，抓住扶手，防止紧急刹车或转弯时摔倒。乘客勿在车内进食食物。

　　乘客头、手不能伸出车窗外，以免被来往车辆擦碰。

　　上下车时，欲上车的乘客应等汽车靠站停稳，先让车上的乘客下车，再按次序上车，不能争抢；乘客下车后要确认前后无来车时再行走，如要穿越道路，一定要确保在安全的情况下穿行；乘客勿乘坐超载车辆，勿乘坐无载客许可证、运营证的车辆。

现代汽车的速度很快，当汽车发生碰撞事故时，汽车和障碍物之间的碰撞称为一次碰撞，一次碰撞的结果导致汽车速度急剧下降，速度从35千米/小时降到零的时间约150毫秒。

乘员和汽车内部结构或汽车外环境物体之间的碰撞称为二次碰撞。由于惯性作用，当汽车急剧降速时，乘员保持原有速度向前运动，于是就发生了乘员和方向盘、仪表板、挡风玻璃等之间的碰撞，严重时可能把挡风玻璃撞碎而向前飞出窗外，造成人员伤亡。

　　汽车安全带是在汽车上用于保证乘客以及驾驶员在车身受到猛烈撞击时，防止出现二次伤害的装置。小型客车驾驶员和前排的乘客必须使用安全带。事实上后排乘客系上安全带也有助于提高安全系数。

　　孕妇安全带正确的系法应该是安全带的上部从锁骨的中间位置通过，安全带的下部从隆起的腹部下方穿过，这样能够同时保护孕妇自己和宝宝。切忌：安全带直接从孕妇隆起的腹部上通过。

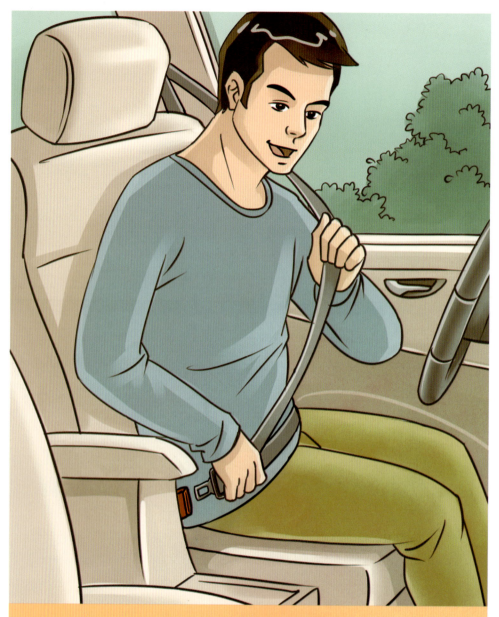

　　安全带在交通事故发生时可及时收紧,第一时间把人"按"在座椅上;待冲击力峰值过去,或人已能受到安全气囊的保护时,可适当放松安全带,避免因拉力过大而使人受到伤害。

　　切勿单独使用扣舌消除车辆的报警音,或坐在安全带前面。

汽车安全气囊是在发生一次碰撞后、二次碰撞前,迅速在乘员和汽车内部结构之间打开一个充满气体的袋子,使乘员扑在气袋上,避免或减缓二次碰撞,从而达到保护乘员的目的。安全气囊一般设置在车内前方(正副驾驶位)、侧方(车内前排和后排)和车顶三个方向。

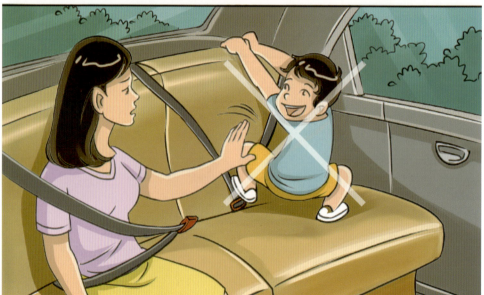

儿童和孕妇应该坐后排。

儿童勿在行驶的车内玩耍。

家长应叮嘱儿童不要在车辆行驶过程中擅自打开车门。建议儿童乘车时驾驶员启用儿童锁。

儿童不要使用成人安全带,因为安全带可能会卡在其脖子上,这样发生事故时对儿童危害更大。

　　车用儿童安全座椅是安装在乘用车上与后排座椅固定，在车辆行驶过程中保护儿童安全的装置。正确使用儿童安全座椅，可使交通事故中儿童死亡率降低70%。

　　家长怀抱孩子坐在副驾驶座上是错误的做法。家长们往往低估了车辆碰撞时产生的冲击力强度，孩子在高速撞击中所承受的冲力相当于一头大象的重量；位于副驾驶座上的儿童往往容易被弹出的安全气囊压破内脏。

　　为加强校车安全管理，2012年国务院颁布《校车安全管理条例》，对校车乘车安全做了详细的规定，要求对相关从业者进行安全教育，学习道路交通安全法律法规、应急处置和应急救援知识。应派专人随车照管，维护上下车秩序；指导学生安全落座、系好安全带，确认车门关闭后示意驾驶人启动校车；制止学生在校车行驶过程中离开座位等危险行为。校车的副驾驶座位不得安排学生乘坐。

　　校车负责人一定要注意清点学生人数。上车时清点一次，做好登记；下车时再次核实学生人数并登记，确认乘车学生已经全部离车后本人方可离车。幼儿园和小学低年级学生可能由于儿童恶作剧、在车上睡眠等而被遗忘在车上，发生事故。

　　教训：2012年我国某地幼儿园，一名3岁男童被遗忘在校车上，最后导致该男童在车内缺水中暑死亡。

◉ **即将发生撞车事故时，车内驾乘人员减轻伤害的方法**

如果撞车已不可避免，驾驶员应保持冷静，为了减速可以试着冲向较软的篱笆墙、灌木丛等，尽可能将自己及他人的损伤降至最低。

在撞向冲撞点的瞬间，驾驶员应尽可能早地远离方向盘，双臂夹胸，手抱头。副驾位置的乘客双手抱头；或双手握拳，手腕护前额，屈膝护住胸腹部。后排乘客双臂夹胸双手抱头并向后躺，以避开前排的靠背。驾乘人员应紧闭嘴唇，咬紧牙齿，避免舌头被意外咬伤。

◉ 车辆前轮爆胎时，车内驾乘人员减轻伤害的方法

驾驶员要握紧方向盘，调整车头动作要轻柔，不要慌张地反复猛打方向盘，以免汽车出现强烈侧滑甚至调头；然后慢慢减速，可以减挡，松开油门踏板并反复轻踩刹车，将汽车缓慢停下来。

⊙ **车辆后轮爆胎时，车内驾乘人员减轻伤害的方法**

此时车会呈现不稳状态，车辆倾向爆胎一侧；驾驶员应该反复轻踩刹车踏板，采用收油减挡的方式将汽车缓慢停下；不要猛踩刹车踏板，也不要迅速松开油门踏板。

◉ **车辆发生翻车,车内驾乘人员减轻伤害的方法**

　　驾乘人员翻车时抓紧周围固定物,身体尽量固定在座位上,随车翻转。汽车翻转后,驾驶员逃生时,首先是给车熄火;其次调整身体,不要急于解开安全带,应先调整身姿。具体姿势是:确保安全带系好,背部紧靠座椅靠背,双手紧握方向盘,双脚蹬住车底面,并确保双脚远离踏板,以免救援时脚勾住踏板,不利于紧急救援。

　　汽车翻车时，如果前排乘坐了两个人，副驾位置人员先出来，因为副驾位置没有方向盘，空间较大，易移出。

　　如果车门因变形或其他原因无法打开，驾乘人员应考虑从车窗逃生。如果车窗处于封闭状态，应尽快敲碎车窗玻璃。由于前挡风玻璃的构造是双层玻璃间含有树脂，所以不易敲碎。前后门车窗则是网状构造的强化玻璃，敲碎一点即可导致整块玻璃全碎，逃生时应用专业安全锤在车窗玻璃一角和边缘的位置敲打。

◉ **车辆发生坠崖时，车内驾乘人员减轻伤害的方法**

除非车辆即将驶出悬崖，留在车上必死无疑，否则不要试图从疾驶的车辆跳下。

决定跳车后驾乘人员应该迅速打开车门，向汽车翻滚的反方向跳车；身体抱成团，头部紧贴胸前，脚膝并紧，肘部紧贴于胸侧，双手捂住耳部，腰部弯曲，瞄准草地、树丛、木屑等较柔软的地方从车上跳出；顺势滚动，不要直接冲向地面；切记不要往路面、树上跳。

　　发生事故时，车辆应熄火，消除其他可以引起火警的隐患。

　　不要在事故现场吸烟，以防引燃易燃易爆物品。

　　载有危险物品的车辆发生事故时，要及时将危险物品的化学特性通知警方或消防人员，如毒性、易燃易爆性、腐蚀性及装载量、泄漏量等，以便救援人员采取防范处理措施。

◉ **车辆发生火灾，车内驾乘人员减轻伤害的方法**

发现汽车自燃的先兆或已发生火灾时，有条件时应驶离人员密集区域。加油时发生火灾，立即停止加油，迅速将车开出加油站。其他情况下应马上停车，关闭电源，所有人员下车避险；取出灭火器，给油箱和燃烧的部位降温灭火，避免爆炸。

若发现时已经较晚，火势又很大，则应尽快远离现场并及时拨打119、122求助、报警，之后报告保险公司。不要急于抢救车内财物，以免自身烧伤、烫伤。

◉ **车辆落水时，车内驾乘人员的逃生方法**

车辆落水前，应立即打开车窗玻璃，从车窗逃出；如车窗失灵，可砸碎车窗玻璃逃出。

◉ **高速公路上发生交通事故后, 车内驾乘人员减轻伤害的方法**

　　有条件时应将车辆停在应急车道上; 车门能打开时, 可按副驾、后排、驾驶员次序有序逃出; 需使用安全锤等击碎车窗玻璃时, 应尽量远离玻璃, 遮住面部; 准备离车时应仔细观察, 主要是车后方, 确定车外没有危险后再逃出车厢; 无论车辆是否能够移动, 均要在事故现场来车方向 150 米外设置警告标志, 且人员要转移到道路护栏外。人员切忌留在车内或停留在高速公路上!

⊙ **行驶中发生地震，车内驾乘人员减轻伤害的方法**

车辆行驶中遇地震，应在就近的开阔地带停车，紧握车内固定物，地震过后再下车远离车辆。客车乘客应紧握扶手或座椅，下蹲，降低重心。

◉ 交通事故后保护现场

　　保持现场的原始状态,包括车辆、人员和遗留的痕迹、散落物,不随意挪动位置。当事人在交通警察到来之前,可以用绳索等设置保护警戒线,防止无关人员、车辆等进入,避免现场遭受人为或自然条件的破坏。为抢救伤者,必须移动现场肇事车辆、伤者时,应在其原始位置做好标记,不得故意破坏、伪造现场。对现场散落的物品,应妥善保护,注意防盗抢。

轨道交通具有运量大、速度快、安全、准点、保护环境、节约能源和用地等特点。从国内外大城市的营运情况看，轨道交通能显著提高交通运力，缓解交通拥堵，未来发展空间宽广。然而，近些年轨道交通事故频发，包括列车故障、火灾、毒气事件、爆炸事件、列车追尾等。了解轨道交通灾害的防范方法，能帮助我们在危难之际顺利逃生。

轨道交通安全常识

轨道交通是公共交通的重要组成部分,包括地铁、轻轨、火车等。

地铁空间封闭,人员密集,作为社会公共场所,一旦发生紧急情况,可能直接威胁乘客的人身安全。地铁出现百余年来,发生了多起各种原因造成的伤亡事故,如 1986 年英国伦敦地铁火灾死亡 33 人,伤 100 余人;1995 年日本东京地铁沙林毒气事故死亡 12 人,伤 5500 人。事故发生时,乘客的安全知识积累和自我保护意识、紧急疏散意识会在逃生时发挥巨大作用。

◉ **地铁站台发生停电时**

当站台突然陷入一片漆黑，很可能只是该站的照明设备出现了故障，在等待工作人员进行广播解释和疏散前，乘客应原地等候，不要走动，不要惊慌。站台将随即启动事故照明灯。即使照明不能立即恢复，正常驶入车站的列车也将暂停运行，利用车内灯光为站台提供照明。

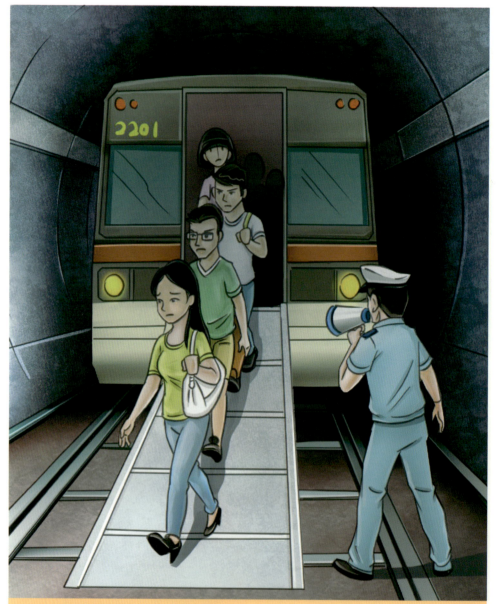

◉ **列车在隧道中运行时遇到停电**

停电后,地铁内的乘客不用担心车门会打不开,不要自己动手打开车门,应等待工作人员将指定的车门打开,指引大家向外撤离。

乘客不可扒门、拉门,自作主张离开列车车厢进入隧道,应耐心等待救援人员到来,按照救援人员的指挥依次下到隧道中并按照指定的车站或者方向疏散。在疏散撤离时乘客应注意排成单行,紧跟工作人员沿指定路线撤离。

当城区供电系统出现电源故障导致大规模停电时，地铁内常备的应急照明系统将保证 45 分钟到 1 小时的蓄电池照明。乘客如果在站台上，通过收听站内广播，确认为大规模停电后，应该迅速就近沿着疏散向导标志或者在工作人员的指挥下抓紧时间离开车站。在站内其他灯光微弱的地方，乘客可以按照向导标志确认撤离方向。

◉ **了解列车的紧急服务系统**

不能擅动列车车门上方(有些在车门旁)的紧急开门手柄或车门紧急解锁手柄。因为在列车运行时或停在隧道中拉下这些手柄,会十分危险。

报警装置为发生紧急情况而设,通常安装在车门上方或车门旁、车厢两端的窗户周围。报警前最好先判断是否为特别紧急的情况,因为大部分事故等待列车到站后再解决更为安全。如果确认紧急,应立即按动报警装置。

　　确认地铁里发生了毒气袭击时,应当利用水或饮料将随身携带的手帕、餐巾纸、衣物等用品浸湿并堵住口鼻、遮住裸露皮肤。

　　判断毒源位置后,应迅速朝着远离毒源的方向逃跑,有序地到空气流通处或者到毒源的上风口处躲避。

　　到达安全地点后,应立即用清水清洗身体暴露部分。

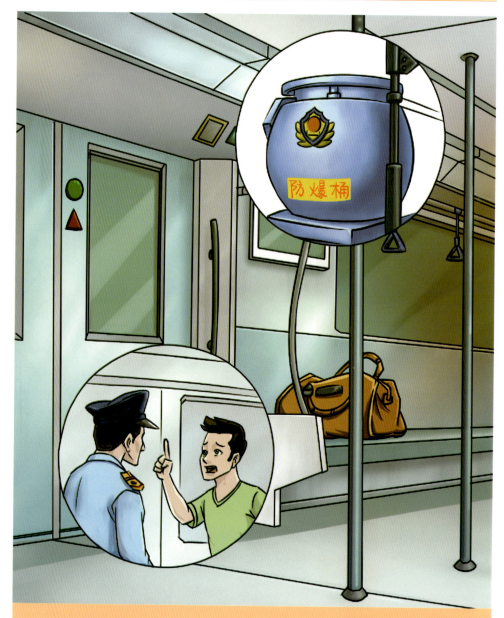

　　如果乘客在地铁站内或车厢内发现可疑物品,应立即报告工作人员,切勿自行处置。如果在地铁车厢内发现不明包裹,在未确定其危险性时,最好远离该包裹。

　　工作人员到达后,将对可疑包裹进行及时处理。在一些地铁站还配有防爆桶。防爆桶通常放在站台上,是一个巨大的特制铁皮桶,应急处置时,可疑物将被放到防爆桶中处理。

　　乘客要有逃生意识。进入地铁后，先要对其内部设施和结构布局进行观察，熟记疏散通道和安全出口的位置。

　　如果爆炸已经发生，切勿慌乱，应迅速撤到另外的车厢，并按照指挥疏散。如果事故发生在站台，应迅速在工作人员的指挥下疏散。

　　遭遇火灾时要及时报警，可以用手机拨打火警电话，也可以按动地铁列车车厢内的紧急报警按钮。报警时尽可能详细地说明失火现场的情况，如起火时间、燃烧特征、火势大小、有无被困人员等。

　　在列车员到来之前，不要任意扒门，更不能跳车。乘客可用水或饮料等打湿随身携带的手帕、餐巾纸或衣物，堵住口鼻，放低姿势快速前进，远离火源和高温区。到站台后用应急装置手动开门离开，车站设有明显的疏散标志，按疏散标志和工作人员的指挥撤离到安全地带。

◉ 利用车厢内的干粉灭火器进行扑火自救

车厢内如刚起火,乘客可立即取用灭火器灭火。

干粉灭火器位于每节车厢两个内侧车门的中间座位之下,上面贴有红色"灭火器"标志。乘客旋转拉手90°,开门取出灭火器。使用灭火器时,先要拉出保险销,然后瞄准火源,最后将灭火器手柄压下,尽量将火扑灭。

　　地铁火灾具有蔓延速度快、高温、浓烟、人员集中、疏散救援难度大等特点,逃生应遵循以下三条原则:

　　(1)守秩序:地铁人流量大,火灾发生时乘客容易失去理智到处乱跑,给消防人员的营救带来极大难度。乘客应听从指挥有序撤离。

　　(2)保持镇静:留意观察,风从哪里吹来,人就往哪里跑。一旦发生火灾,排烟系统将自动打开,乘客可以按紧急按钮报警。

　　(3)不要蹲下:在奔跑的人群中蹲下,容易发生踩踏事故,造成伤害。

绝缘钩

◉ **防止坠落和意外跌落**

候车时应自觉排队，禁止越过安全线，避免发生坠落或者被人挤下站台等意外。乘客不要在站台上嬉戏、打闹、追逐，不要攀爬站台，以免触电。

如果物品掉到站台下，乘客不要私自跳下站台捡拾，应告知工作人员，让他们用专用的绝缘钩捡拾。

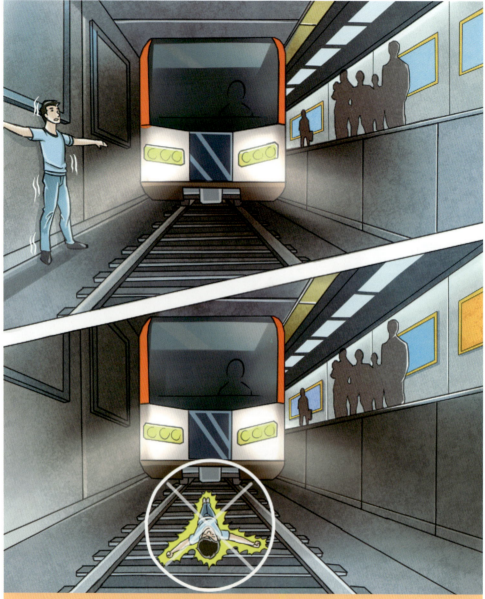

  乘客发现有人意外坠落，赶紧大声呼救并向工作人员示意，工作人员会采取措施停止向接触轨提供电力并及时救助。

  如果乘客坠落后看到有列车驶来，最有效的方法是立即紧贴里侧墙壁（因为带电的接触轨通常在靠近站台的一侧）。注意使身体尽量紧贴墙壁以免列车刮到身体或衣物。列车停车后，由地铁工作人员进行救助。

  如果列车已经驶来，千万不可就地趴在两条铁轨之间的凹槽里，因为地铁和枕木之间没有足够的空间使人容身。

  列车发生追尾前,乘客会感觉到紧急刹车,应紧紧抓住周围的固定物体,尽量保持身体平衡,避免翻滚。另一种保护姿势是:低下头,下巴紧贴胸前,以防颈部受伤,尽量把身体蜷缩起来,以减少受伤面积。

  撞击过后,不要随意下车,听从工作人员的安排有秩序地离开事故现场。

  如果下车,不要碰到铁轨,因为地铁轨道带电,电压高于家用电压,很容易导致触电死亡。

　　轻轨列车失去动力时，按下车厢内的报警按钮，抓紧身边固定物，躲避滚落的物体。尽量把身体蜷缩起来，以减少受伤面积。保持镇静，观察车辆状况，不要拥向列车一侧，以免导致列车倾覆。

　　等待工作人员，同时拨打 119 或 110 求救。如果情况紧急，可经由车头或车尾开门逃到轨道上呼救。

　　如果列车已到站台，乘客应在工作人员打开车门后有序撤离。

　　自 19 世纪铁路出现以来，列车一直是世界各地的主要交通工具。虽然铁路交通事故伤害发生数量较道路交通事故相对很少，但仍然造成了大量严重事故与伤害，社会影响巨大，特别是在高速铁路日益普及的今天。

　　据美国统计，2007 年，共发生 13 067 起与铁路相关的事故，大约每 2 小时有 1 名行人或 1 辆汽车被列车撞到，共造成 851 人死亡和 8801 人受伤。

1990～2000 年，我国发生铁路重大或大事故 317 起。

事故分析表明，主要原因为：失职占 19.87%，交通违法行为占 18.61%，设备故障占 17.67%，自然灾害占 9.78%。主要列车类型：货车占 66.9%，客车占 25.2%，调车占 3.5%。主要责任者：乘务员占 37.72%，工务段工人占 23.68%，路外人员占 15.79%。

◉ **事故前避险**

发生事故前，如果座位不靠近门窗，应留在原位，抓住牢固的物体或者靠坐在座椅上。低下头，下巴紧贴胸前，以防头部受伤。若座位接近门窗，就应尽快离开，迅速抓住车内的牢固物体。

◉ **发生事故后**

应设法通知救援人员。如附近有一组信号灯，灯下通常有电话，可用来通知信号控制室，或者就近寻找电话求救。

　　事故发生后，如果无法打开车门，就把窗户推上去或砸碎窗户的玻璃，然后脚朝外爬出来。注意不要被玻璃划伤。

　　确定列车停下需要跳车避险时，应注意对面来车，并采取正确的跳车方法。跳下后，要迅速撤离，不可在列车周围徘徊，这样很容易发生其他危险。

　　如果车厢看起来也不会再倾斜或者翻滚，待在车厢里等待救援是最安全的。

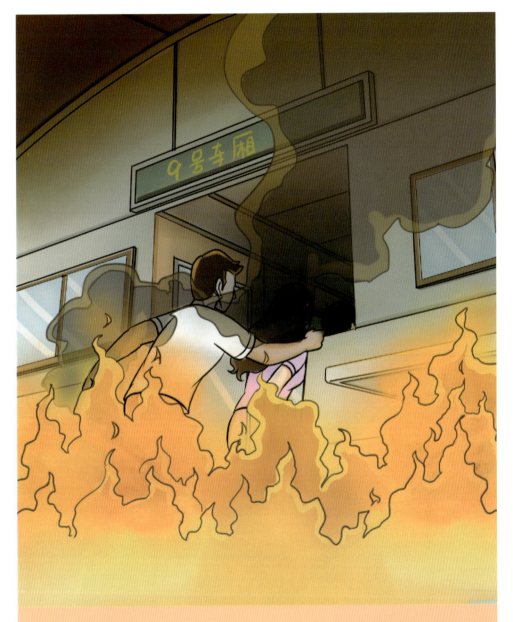

◎ **列车火灾的特点**

    旅客列车一旦发生火灾，由于空气压力的作用，火势会迅速蔓延形成一条火龙，燃烧产生的有毒烟雾和热辐射也会在车厢内迅速扩散危害旅客安全。由于车厢内人员众多、通道狭窄、车门少，且被困人员受到高温、烟雾及火势的威胁易惊慌失措，失去理智，给逃生和救援带来很大困难。

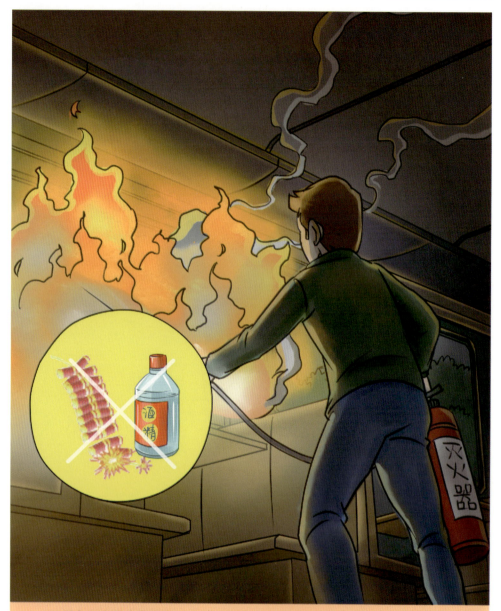

◉ 列车火灾的自救逃生

如发现列车在行驶中发生火灾,乘客应立即通知乘务人员采取措施停车。

火灾初起火势不大时,乘客要听从乘务人员的指挥,不要随意开启车厢门窗,以免大量的新鲜空气进入后加速火势蔓延。听从乘务人员的安排,利用列车上的灭火器材救火,有秩序地从车厢的前后门疏散到相邻的车厢等。

乘客应严格遵守乘车管理规定,不得携带易燃易爆物品上车。

◉ **列车火灾的自救逃生**

　　车厢两头有通往相邻车厢的手动门或自动门,当某一节车厢内发生火灾时,被困人员应在乘务人员的指挥下,尽快利用车厢两头的通道,有秩序地逃离火灾现场。

　　当车厢内浓烟弥漫时,被困人员要将毛巾、衣物等用水浸湿,捂住口鼻,采取低姿行走的方式,逃离到相邻的车厢或条件允许时逃离到车厢外。

⊙ 列车相撞前减轻伤害的方法

　　列车即将相撞时，面朝行车方向坐的人要马上抱头屈肘伏到坐垫上，护住脸部，或者马上抱住头部朝侧面躺下。背朝行车方向坐的人，应该马上用双手护住后脑部，同时屈身抬膝护住胸、腹部。

　　在通道上坐着或站着的人，应该面朝行车方向，两手护住后脑部，屈身蹲下，以防冲撞和堕落物击伤头部。在厕所里的人，应背靠行车方向的车壁，坐到地板上，双手抱头，屈肘抬膝护住腹部。

我们在享受轨道交通带来的出行便捷、高效的同时，安全意识千万不能松懈。随着城市以及科技的发展，地铁站内、车厢内拥挤的人群似乎越来越成为大都市的"象征"，而列车在"提速"的同时，我们的安全意识是否也在随着"提升"呢？了解与掌握必要的安全知识，熟悉与学习必要的逃生、自救技能，是让我们自身以及家人在面对突然发生的事故时保护自己的必杀技。谁也不想让事故发生，但真的发生时，能够救自己的可能就源于平时掌握的几句话……

水运和航空是现代立体交通网络的重要组成部分。水运交通承担着补充和衔接大批量干线运输的任务，近代航空促进了全球一体化进程的形成。水运和航空交通一旦发生事故，不但可能造成重大的人身伤亡，而且还可以造成巨大的社会影响和经济损失。

水运航空交通安全常识

　　截至 2008 年,世界船舶保有量为 73 523 艘,约合 11.3 亿载重吨。我国是世界航运大国,船舶保有量居世界第 4 位,为我国和世界经济发展起到了重要作用。虽然近年来我国水运交通事故的发生呈下降趋势,但在 2008 年仍发生运输船舶水上交通事故 342 起,死亡 351 人。

　　造成水运交通事故和人员伤亡的自然与人为因素包括强台风、雨雪、潮汐、浓雾、冰山、礁石、技术故障、导航故障、火灾、爆炸等。

◎ 轮船火灾的自救逃生

被火围困人员应迅速往主甲板、露天甲板疏散，然后借助救生器材向水中、来救援的船只上及岸上逃生。

当船上大火将直通露天的梯道封锁，致使着火层以上楼层的人员无法向下疏散时，被困人员可以疏散到顶层，然后向下释放绳缆，沿绳缆向下逃生。

⊙ 轮船火灾的自救逃生

客舱着火时，舱内人员在逃出后应随手将舱门关上，以防火势蔓延，并提醒相邻客舱内的旅客赶快疏散。若火势已窜出房间封住内走道时，相邻房间的旅客应关闭靠内走廊房间，从通向左右船舱的舱门逃生。

撤离时，可用湿毛巾捂住口鼻，尽量弯腰、快跑，迅速远离火区。情况紧急时，也可跳入水中。

◉ 轮船相撞的自救逃生

当两船即将相撞时，人们应迅速离开碰撞处，避免被挤压受伤。同时就近迅速拉住固定物，防止摔伤。

需要弃船时：乘客听到沉船警报信号时（1分钟连续鸣笛，7短声，1长声），立即穿好救生衣，按各船舱中的紧急疏散图示方向离船。

应听从指挥依次序登救生艇（筏）离船。注意：只携带救生物品，例如食物和水。

◉ 如何跳水

要在船的逆风侧,最好在船头,避开螺旋桨。左手紧握救生衣右侧,上臂夹紧,右手五指并拢捂住口鼻,双脚并拢,身体垂直,头朝上脚朝下起跳。落水的位置尽量离船远一些,避免被沉船的漩涡吸入。

水面上有浮油起火时,在上风侧,深吸一口气,一只手掩住口鼻,另一只手保护眼睛及面部,垂直跳入水中。入水后向上风方向潜游,换气时先拨开水面火焰,换气后再下潜。

　　相对于乘坐汽车和火车而言，乘坐飞机出行是最安全的。调查显示，坐飞机比汽车要安全 22 倍。随着科技发展，飞机的安全飞行系数越来越高，是远程交通最安全的方式。不过空难发生时，乘员的生存概率非常低，通常是大批量死亡，产生非常严重的社会影响。

　　空难具有很强的突发性。据统计，半数以上是机组人员过错造成的；16.7% 为机械故障；13% 是天气原因，包括浓雾、雷雨等。其他因素包括恐怖袭击、撞上飞鸟和飞机保养不善等。

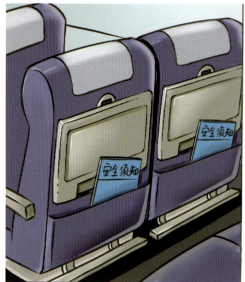

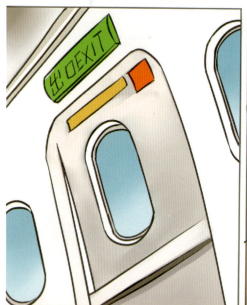

乘客入座后，应仔细阅读在前排座椅背袋里的《安全须知》。

熟悉座椅上方的阅读灯、通风器、呼唤铃、氧气面罩等。

在客舱的左右两侧设有紧急出口，非紧急情况下切忌动用。飞机客舱是增压密封的，为了确保飞行安全，不要碰撞和刻划窗上玻璃。

◉ 入座后系上安全带

飞机在飞行过程中时速都在500千米以上，最高时速可达900千米，即使在起飞或着陆时时速也在200多千米。由于空气对流原因，飞机会出现颠簸现象，如在山区、高原、沙漠地区飞行，地形使空气受到阻力，造成空气垂直运动。起飞与降落是飞行过程中最危险的时刻，也是潜在空难多发时刻，系好安全带，使乘客与飞机同步运动，可以避免惯性力对乘客造成的伤害。

研究显示，所有的飞行事故中大约有 90% 都发生在飞行的开始 2 分钟或者最后 4 分钟。因此，这两个时间段会要求给飞机上紧急通道留出位置。

调直座椅靠背是为了给座椅之间留出足够的空位。把小桌板锁回椅背后面是为了预防紧急制动时打开的小桌板对乘客造成伤害，并为逃生时排除障碍，保证出入通畅。

随身带的包要求完全放到座椅下方也是为逃生时排除障碍，保持出入通畅。

◉ 打开遮光板

起降时容易造成短时间停电，打开遮光板可使外部光线照进来，避免漆黑环境引起的不安；也有助于观察机身（尤其是引擎）、地面等外部情况，如降落失败可以选择安全的逃生口出去；同时可保持机舱内外光线一致，一旦需要迅速逃生不需要眼睛的适应过程。

　　在飞机上，使用一些电子产品，特别是会发射电磁波的产品，将干扰飞机的通讯、导航、操纵系统，影响飞机与地面的无线信号联系，尤其在飞机起飞、下降时干扰更大，即使只造成很小角度的航向偏离，也可能导致机毁人亡的后果，是威胁飞行安全的隐形"杀手"。

　　请听从空乘人员的提示，在适合的时间使用规定范围内的电子产品。

飞机在 4268 米以上的高度飞行时,要对客舱增压。一旦飞机客舱失压,就会造成缺氧,乘客会因此感到头晕,甚至昏迷、死亡。不同高度上发生客舱失压时,人所能承受的缺氧时间分别为:6100 米 10 分钟,7800 米 2 分钟,9140 米 30 秒,10 700 米 20 秒,12 200 米 15 秒,19 800 米 12 秒。

氧气面罩是为乘客提供氧气的应急救生装置。在飞机客舱发生失压的情况下,氧气面罩会自动从舱顶掉落下来。乘客应先为自己戴上氧气面罩,再为身边的儿童戴上,直至飞机下降到可以呼吸的安全高度以下时才能将它摘下。

乘坐飞机时应遵守相关规定，在飞机上打架或吵架是危害飞行安全的行为。儿童不要在机舱内嬉戏、追逐。

不能吸烟：烟草中的尼古丁是一种中枢神经毒麻剂，它会使飞行人员全身血管收缩，视力下降，而且污染机舱内空气环境，甚至导致火险。

　　飞机上没有配备降落伞，是因为如果每个乘客都配备一顶降落伞，就会大大增加飞机的重量，而且会占去很多空间，大大影响飞机的营运能力；而且乘客们并不是每个人都能掌握跳伞技术；最主要的是，飞机是在高空高速飞行，与一般的跳伞运动和低空离机不同，即使发生意外也无法打开舱门跳伞。

◉ 飞机迫降前减轻伤害的方法

飞机需要迫降时，乘客应保持镇静，千万不能惊慌失措，要信任机组人员，服从命令听指挥，积极配合进行救护工作。飞机未触地前，不必过分紧张，以免耗费体力。

乘客应采取必要的安全措施，立即取下身上的锐利物品，将杂物放入座椅后面的口袋里，扶直椅背，收好小桌；系好安全带，穿上所有衣物，用毛毯、枕头垫好腹部，以防冲击时受到其他锐利物品的伤害。

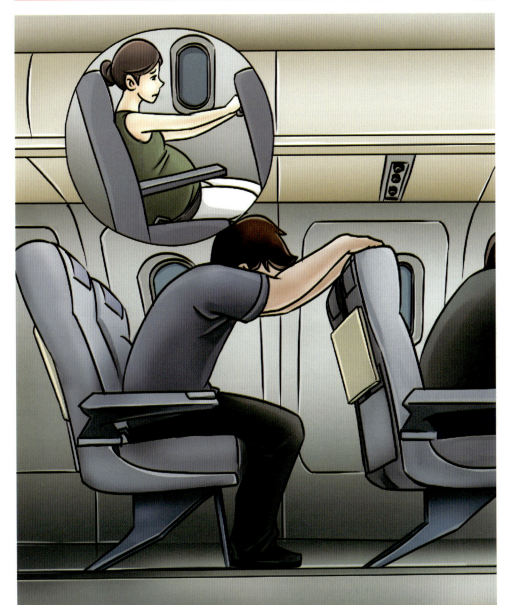

采取正确的姿势：一般采用前倾后屈的姿势，即头低下，两腿分开，两手用力抓住双脚，或者头部向前倾，贴近前排座椅靠背。身长、肥胖者、孕妇或老人，可以挺直上身，两手用力抓住座椅的扶手，或用两手夹住头部。当听到机长发出最后指示时，乘客应按上述动作，做好冲撞的准备。在飞机触地前一瞬间，乘客应全身紧迫用力，憋住气，使全身肌肉处于紧张对抗外力的状态，以防猛烈的冲击。

从遇险飞机脱困时，应根据机长的指示和周围情况选定紧急出口。

陆地迫降，出口一般在风上侧；水上迫降，出口一般在风下侧。待飞机停稳，乘客可解除安全带，在机务人员指挥下，依次从紧急出口处，借助救生滑梯用最快的速度离开飞机。逃生过程中应听从指挥，避免乘客全部同时涌出，堵死出口，影响逃生速度或者直接从破壁跳下导致伤亡。

　　如果在水面上脱困，乘客应正确穿好救生衣，在机组成员指挥下有序撤离。

　　脱困后，应听从机务人员指挥，在指定地点集合，多位于距离飞机残骸 200 米以外的上风区域，但不要逃得太远，以方便救援人员寻找。

我们需要掌握一些普通的医疗自救措施，以便在交通事故发生时进行自救和抢救其他伤员。当然，专业救助需要医疗单位完成，请及时拨打相关求救电话，如 120、122 以及高速公路求助热线等。

交通事故的医疗自救

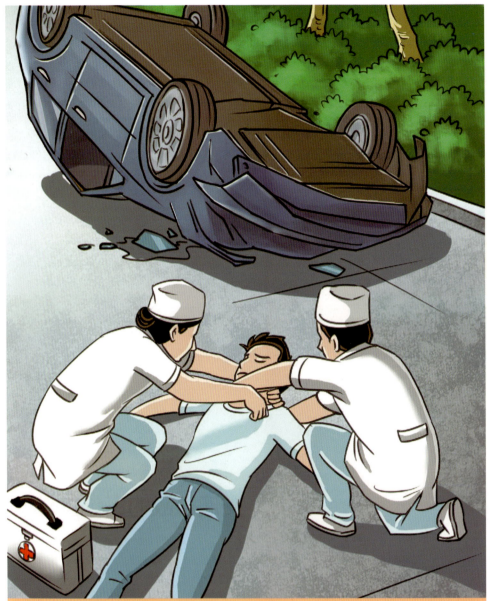

◉ 保护伤者

如果现场存在进一步致伤的因素，如可能发生垮塌或车辆持续压迫、曝晒、雨淋等，在确认伤者同意接受救助后，将伤者移至安全环境。注意保持伤者脊柱稳定，平板式搬运，平卧。不具备上述条件，或无搬运、解困能力，可等待救援人员到达。

初步评估伤者的伤情，包括意识、呼吸、回答问题等情况，能采取紧急抢救措施的（如外出血处压迫止血），应尽最大努力抢救，视情况实施。

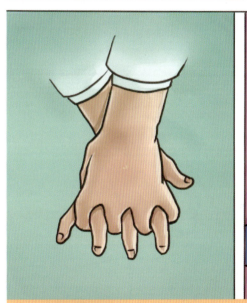

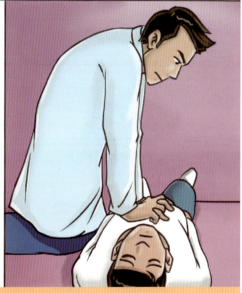

◎ **头部受伤**

大声呼叫伤者，如能应答，说明其头部受伤较轻，应该严密观察伤者有无头晕、头痛、呕吐等发生。

大声呼叫伤者，如不能答应，则说明其已处于危险状态，不要随便移动伤者。

让伤者平卧，头向后仰，保证其呼吸道畅通。

若伤者呼吸、心跳停止，则进行心肺复苏急救。

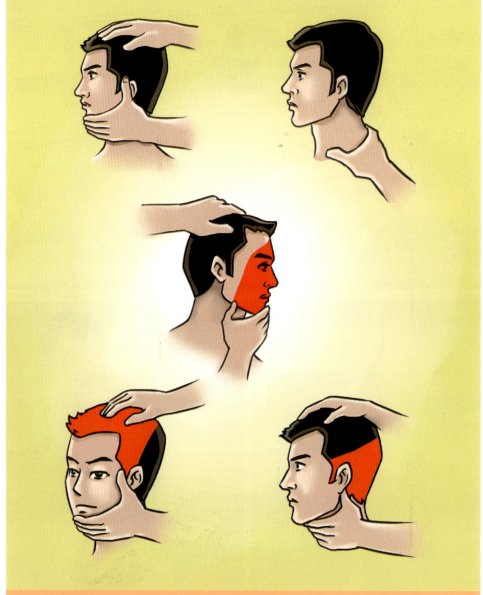

◉ 头部出血

若头皮出血时，用纱布、毛巾等干净物品直接压迫止血。还可通过压迫近侧动脉止血。

如果有血液和脑脊液从鼻、耳流出，就一定要伤者平卧，患侧向下，即左耳、鼻流出脑脊液时左侧向下，右侧流出时右侧向下。

切忌填塞耳、鼻堵住出血。如果喉和鼻大量出血，可能堵塞呼吸道，应使头侧向一方。

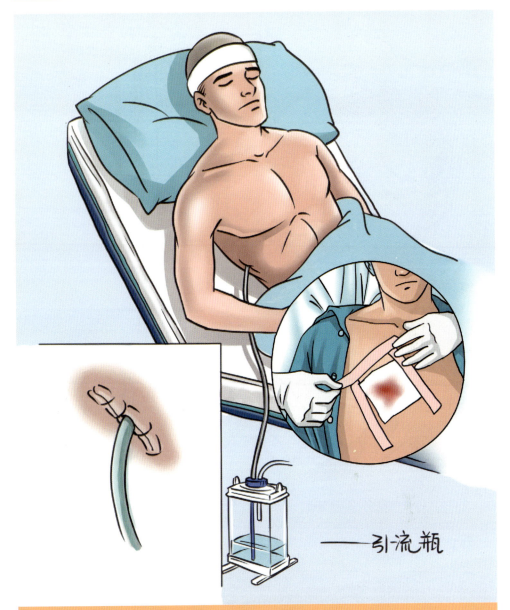

——引流瓶

◎ **开放性气胸伤口包扎**

胸部有明显伤口，呼吸时伤口有响声，气管偏向健侧，伤者呼吸困难，可判断为开放性气胸。立即用消毒布料封闭伤口，不让空气进入；只要把伤口封严即可，覆盖物不必太大；必要时可用手捂住，伤者患部向下侧卧，等待救护车。

◎ **连枷胸伤口包扎**

胸部受伤后剧痛，相连的几根肋骨同时骨折，局部向下塌陷，也叫"浮动胸壁"。此时应使伤者患部向下安静地平卧，用多条毛巾、衣物等较软的物品垫在伤者胸部塌陷处。

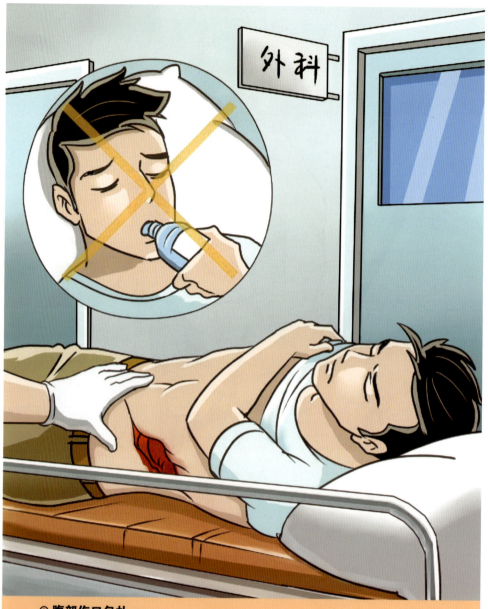

⊙ 腹部伤口包扎

腹部有伤口，疼痛、流血，或有异物刺入，可见大网膜或肠管膨出，可判断为腹部穿透伤。用干净的纱布、被单、毛巾等覆盖包裹，压迫止血。不要将从伤口膨出的内脏送回腹腔，避免加重腹腔内污染，可用碗状的可容纳膨出物的器物覆盖后再包扎。

⊙ 腹部没有伤口时

伤员腹壁皮肤上无伤口，但腹痛，腹部拒按，判断为腹部钝性伤，可能有内脏损伤。严禁伤者进食、喝水，需尽快送至医院。

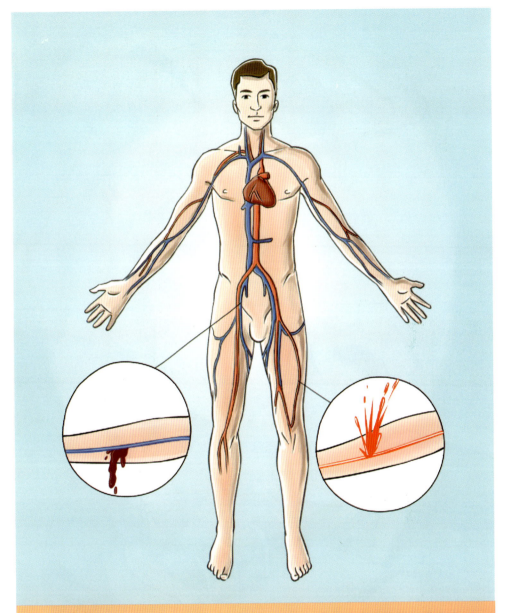

◉ **止血**

四肢皮肤有伤口、出血时，血流呈喷射状为动脉出血；血流呈涌流状为静脉出血，判断为软组织损伤。

可剪开伤者伤口处衣物，伤口较小时直接用折叠的干净衣物压迫伤口；局部无法压迫止血时，可按压其近侧动脉止血。在手、前臂和上臂下部出血时，用拇指或其余四指在伤者肘窝内侧动脉搏动处，将动脉压向肱骨而止血。下肢出血是在腹股沟（大腿根部）中点偏内动脉跳动处，用两手拇指重叠压迫股动脉于股骨上而止血。

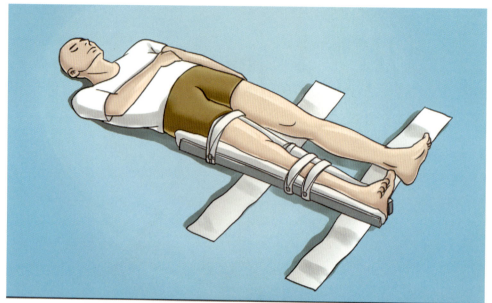

◉ 四肢骨折的判断和急救

四肢受伤后局部肿胀、疼痛、功能障碍，伤肢畸形，在不能活动的部位出现关节样活动，甚至可见骨断端露于皮肤之外，判断为骨折。

用清洁、干净的布片、衣物等覆盖伤口，再用布带包扎，不宜过紧、过松；如骨折端外露，不要将骨折端放回原处，以免引起深部感染。上肢骨折可以将肢体固定在躯干上；下肢骨折可以将患侧肢体固定在健侧。固定材料可以选用夹板、树枝、硬纸板等。

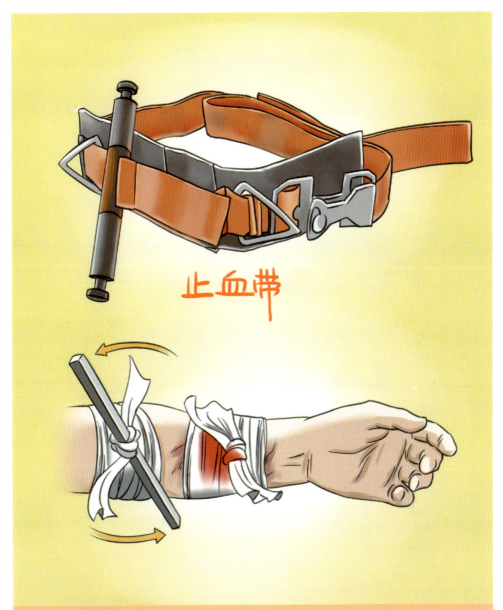

止血带

⊙ 肢体毁损伤急救

　　伤后肢体毁形严重,肌肉损伤、骨折、血管外露、大量出血等出现时,判断为肢体毁损伤。

　　用皮带、止血带、绷带、较宽的绳索靠近出血部位近心端捆扎,至出血减少、控制动脉出血即可。记录时间,要每隔 1 小时放松(上肢或下肢)2～3 分钟;放松期间,应用指压法暂时止血。应尽快将伤者送医院处置。

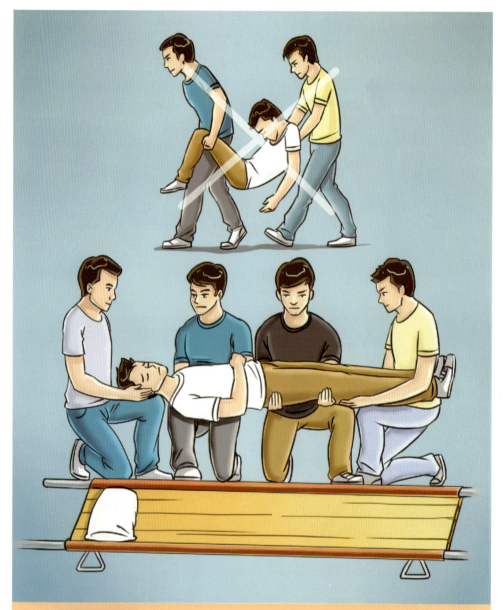

⊙ 颈椎骨折急救

所有交通伤伤者都可能存在颈椎损伤,最重要的是避免颈椎移位导致脊髓损伤的灾难性后果。伤者头颈胸部受伤、疼痛时,如果出现肢体或躯干感觉、运动障碍,则可初步判断已存在脊髓损伤。

应一人稳住伤者头部,其他几人平行抬起伤者躯干,并防止过度牵拉、旋转造成再损伤。要特别注意应平移搬动,用门板、梯子、担架等硬质物搬运,严禁一人双手托运(抱)。把毛巾、毛毯等放到伤者头周围(特别是颈部两侧),再用砖、石头等把头固定,避免晃动。假如发生颈椎骨折时周围没有人,伤者应在保温的前提下耐心等待救援人员。

车祸猛于虎，严格遵守交通法规，我们才能避免交通事故对生命和财产的吞噬。千金难买是安全，无论是行人或者是各类车辆的驾驶人员，都要对此抱以认真的态度，不可掉以轻心，须知生命不是儿戏。

安全行车，让事故与生命像铁轨一样平行。

装上安全上路，载满幸福回家。